# Im Vertrauen
# die Freiheit erleben

von

Markus Jäckel

2010

# Inhalt

# *Freiheit, ein Gottesgeschenk*

Das Ziel der Freiheit ist eines der größten Bedürfnisse des Menschen. Seit Anfang des menschlichen Daseins, will er sich aus seiner geglaubten Enge befreien. Jeglicher Schutz und Fürsorge, die Gott durch Regeln und später durch Gebote dem Menschen gegeben hat, werden von ihm als Verbote und Einschränkungen missverstanden. Das Verständnis, das sich hinter dem Begriff Freiheit versteckt, ist also anscheinend der Wunsch, eine absolute Freigabe zum Ausleben für alle Wünsche, Sehnsüchte und Träume zu bekommen.

Paulus schreibt in einem seiner Briefe (Galater 5,13), wir Christen sind durch unseren Glauben zur Freiheit berufen. Will nun Paulus hier allen Christen im Namen Jesu einen Freifahrtschein zu jeglichem Tun ausschreiben?
Ich denke, dass die Freiheit einer Person dort endet, wo der Lebensraum des Gegenübers beginnt. Viele Menschen können sehr leichtfertig mit ihrer Freiheit umgehen, und deren gelebte Freiheit wird oftmals der Maßstab für Verhaltensregeln dem Nächsten gegenüber.
Lebenseinstellungen wie: ‚Nur das was ich für Richtig halte, ist der Maßstab für mein ganzes Handeln.', halten anders denkende Personen meist für falsch und sehen sich durch einfachste Kritik bedroht. Es fehlt die Freiheit über den eigenen Rand seiner Gedanken und Gefühle zu schauen und

dahinter den Nächsten zu sehen. Hier spielt es keine große Rolle, ob mein eigenes Handeln egoistischen, religiösen oder atheistischen Lebenseinstellungen zugrunde liegt. Ebenso ist es völlig belanglos, ob mein Verständnis über den Glauben christlichen Werten oder anderen religiösen Formen entspricht.

Gesellschaftliche Regeln, Gesetze unseres Landes, sogar Werte, die unser Leben maßgeblich beeinflussen, werden von selbsternannter Freiheit untergraben, manchmal sogar außer Kraft gesetzt. Altmodisch, überholt, für unsere Zeit nicht mehr aktuell – sind Argumente mit denen unbequeme Einschränkungen umgangen werden.

Sollten Freiheiten, Dinge zu tun oder zu lassen, nicht immer im Blick und in der Achtung auf das persönliche Umfeld angewandt werden? Auch Paulus ist auf seinen Reisen zu der Erkenntnis gelangt, dem Juden ein Jude zu werden, dem Gesetzestreuen ein Gesetzestreuer usw.. Paulus sieht sich in seinem Leben als völlig freier Mensch, lebt aber dennoch seine erkannte Freiheit nicht gewissenlos vor den Augen anderer aus. Im Korintherbrief (1.Korinther 8,9) schreibt er: *Seht aber zu, dass diese eure Freiheit für die Schwachen nicht zum Anstoß wird.* Er respektiert die Überzeugungen anderer und sieht seine Freiheit nicht als eingeschränkt an, auch wenn er sich jedem zum Knecht macht. (1.Korinther 9,19-22) Seine Freiheit entfaltet sich in ihm sogar soweit, dass er über allen Regeln aus seiner Umgebung erhaben zu sein scheint. Die Freiheit, die Paulus in Jesus Christus gefunden hat, entwickelt sich zu einer Macht, die ihn auch in gebunden Lebensphasen (2. Korinther 12,7) frei machen will. Er sieht sich nicht mehr in der eigenen Situation, sondern kann die eigene Position wie ein Dritter, ein Außenstehender betrachten. Das macht ihn über die Grenzen hinaus frei. Als befreiter Mensch begibt er sich auf seine Reisen und verkündigt den Mitmenschen die frohe Botschaft von der Freiheit als Geschenk Gottes.

# Gott möchte uns zur Freiheit berufen

Selbst im christlichen Umgang deuten wir allzu leicht unsere Freiheit als Freifahrtschein in alle Richtungen. Es kommt immer darauf an, was jeder aus der Bibel liest, hineininterpretiert oder als Wahrheit für sich in Anspruch nimmt. Und selbst Geheimnisse, die durch den Geist Gottes gelehrt und mit seinem Atem zum lebendigen Wort in uns werden, können sehr leicht zum Gefängnis unseres Verständnisses werden. Dies geschieht dann, wenn ich versuche, die geschenkte Erkenntnis einer reinen Wahrheit, als Gesetz und Ordnung nicht nur für mich, sondern auch für andere zu erklären. Grundlegende Freiheiten können dann zur Last und damit zu einer Einschränkung der Freiheit werden.

Beispiel:

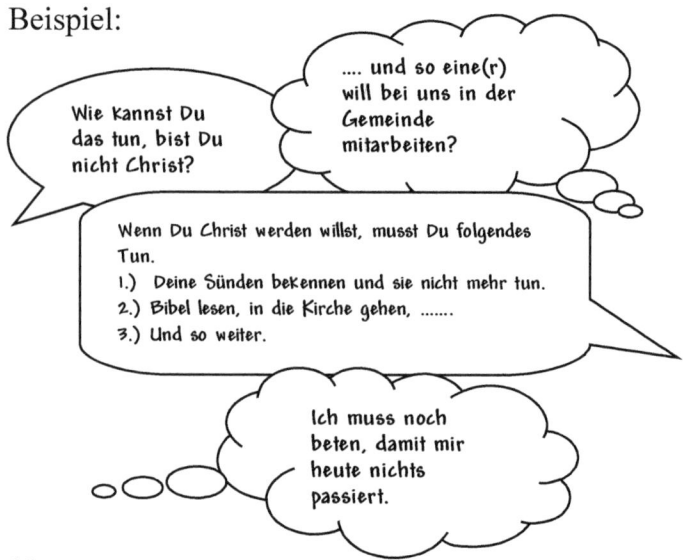

Wie kannst Du das tun, bist Du nicht Christ?

.... und so eine(r) will bei uns in der Gemeinde mitarbeiten?

Wenn Du Christ werden willst, musst Du folgendes Tun.
1.) Deine Sünden bekennen und sie nicht mehr tun.
2.) Bibel lesen, in die Kirche gehen, .......
3.) Und so weiter.

Ich muss noch beten, damit mir heute nichts passiert.

Ich denke jeder kennt Sätze, die so oder anders unser Leben begleiten. Vielleicht wurden solche Wahrheiten sogar zum eigenen Leitfaden.

Paulus sagt: „Wir sind zur Freiheit berufen!" Unsere Berufung ist folglich „**Frei**" zu sein. Unser Leben in der Nachfolge Christi, bedeutet freigekauft zu sein von allen Bindungen. Die Meinung, dass ich mich so oder so in der Nachfolge verhalten muss, ist nicht frei. Jesus hat sein Leben am Kreuz geopfert, damit wir frei in der Nachfolge leben können. Er hat uns mit seinem Blut aus der Gefangenschaft der Sünde freigekauft. Wir unterliegen nicht mehr der Knechtschaft der Sünde. Auch sind wir nicht mehr Sklaven der Verhaltensregeln, die in unserem Umfeld entstanden sind. Jesus möchte uns davon frei machen. Weder ich, noch mein Nächster müssen unter dieser Art von Last der Sünde leiden.

Sie merken sicherlich den Grad zwischen dem Wunsch, sich an dem Vorbild Jesu zu orientieren, auf der einen und dem Drang zur Gesetzlichkeit auf der anderen Seite. Viele Menschen haben ein sehr konkretes Bild davon, wie ein Christ sich zu verhalten hat. In meiner Ausbildung lernte ich eine Person kennen, die meinen Glauben an Gott den Vater, Jesus den Sohn und den Heiligen Geist nicht teilte. Zu meiner Überraschung wollte er mir jedoch erklären, wie ich mich als Christ zu verhalten habe. Er hatte eine sehr konkrete Vorstellung, nach welchen Regeln ich zu leben habe. Ist es nicht sehr einfach, und lassen Sie mich dazusagen auch sehr menschlich, biblische Aussagen zu theoretisieren und sie dann zur gesetzlichen Verhaltensgrundlage mutieren zu lassen? Die Bibel soll die Grundlage unseres christlichen Glaubens bilden. Doch das Gesetz: ‚Du musst so oder so leben, damit du ein Christ bist', wurde durch Jesus erfüllt. Christliches Verhalten bzw. der Wunsch, das eigene Leben nach christlichen Werten zu führen, sind Früchte des Glaubens. Sie wachsen auf dem Nährboden der Liebe Gottes. Sie gedeihen mit dem Wunsch, Gott zu dienen. Das Leben wird so nach dem Wort Gottes ausgerichtet. Geliebte Menschen ändern ihr Verhalten, sie überdenken ihre bisherigen Ansichten aus Liebe und Dankbarkeit. In dieser Entwicklung sind Vorbilder unentbehrlich. Diese sind als Orientierungs- und Korrekturhilfen sehr wichtig. Sie geben die Richtung an und helfen beim Wachstum. Doch das alles geschieht im Garten der Freiheit.

# Keine Freiheit ohne Vertrauen

## 1.) Gnade ist ein Geschenk.

Wie schon erwähnt, geht es nicht um einen Freibrief für unser Tun – aber für ein Tun in Freiheit. In der Bibel wird deutlich gemacht, dass keiner zu Gott und in sein Reich einkehren kann, der nicht allein dem Gekreuzigten vertraut. (Joh. 14,6) Die Bibel macht ebenfalls unmissverständlich deutlich, dass allein durch Gottes Gnade ich ewiges Leben erben werde. (Römer 3,24) Wir sollten uns sehr bewusst machen, dass unser Gott kein Gott ist, dem man einfach mal so (vielleicht ganz nebenbei) ein Opfer oder dergleichen bringen kann, um sich mit ihm auszusöhnen.

Er ist alleiniger Herrscher, er besitzt die alleinige Entscheidung über die Gnade. Auch weit über unsere Vorstellungen und Grenzen hinaus. Denken wir zurück an Kain und Abel. (1.Mose 4,3ff) Beide

opferten Gott dem HERRN von ihrer Ernte der täglichen Arbeit. Wir lesen von der unterschiedlichen Bewertung der Opfer. Ich bin davon überzeugt, dass es Gott nicht auf die Materialien des Opfers ankommt. Vielmehr sieht Gott das Herz an. (1.Samuel 16,7)
Doch dazu später mehr. Gott entschied allein, welches Opfer er gnädig ansieht. Er trifft die Entscheidung der Gnade über ein Opfer. Wie groß muss unsere Überheblichkeit und Einbildung sein, zu meinen, wir hätten es in der Hand, Gott mit uns versöhnlich stimmen zu können.
Um der Menschheit die Reinheit Gottes vor Augen zu führen und die Grenze zur Schuld deutlich zu machen, war es notwendig, dass Gott durch Gesetze das Leben der Menschen regelt, wohl wissend, dass das Gesetz immer in der Verurteilung des Menschen enden wird. Im alten Testament hat man zur Versöhnung dem Herrn der Welt Tiere geopfert. Gott selber betrachtete die Opfergabe eines unschuldigen reinen Tieres als akzeptable Aussöhnung. Das Tier musste sein Blut stellvertretend für das Blut des Reuesuchenden vergießen. In Römer 6 Vers 23 weist Paulus auf die endgültige Hinrichtung eines jeden Menschen hin, der seine Unschuld vor Gott verloren hat. Die Trennung zwischen dem Schöpfer und seinem Geschöpf durch entstandene Schuld sollte dadurch sinnbildlich verbannt und ausgelöscht werden. Später, als die Römer die Weltherrschaft hatten und dadurch eine gemeinsame Sprache herrschte, erfüllte Gott seine Prophezeiungen und sandte

seinen Sohn. (Lukasevangelium) Jesus sollte mit seinem Leben und seinem Tod das Gesetz Gottes stellvertretend für uns Menschen erfüllen. Während seines Lebens wollte er das Verhältnis des Menschen zu Gott erneuern. Er wollte Gott als Vater näher bringen. Die gewohnten Lehren und festgefahrenen Verhaltensmuster möchte Jesus auch heute noch aufbrechen. Jesus hebt das Gesetz nicht auf, er verschärft es gerade zu. (Mt. 5, 21 ff.) Das Gesetz ist vollkommen, es ist ohne Makel, genauso wie der Gesetzesgeber Gott. Es zeigt, dass Gott immer Gehorsamkeit verlangt, aber dass er nicht eine äußere Erfüllung des Gesetzes möchte, sondern das Herz des Menschen. Es ist für uns unmöglich, das Gesetz und die Gebote ohne Fehler umzusetzen. Jesus schafft hier durch sein Leben und anschließendes Sterben eine Brücke zwischen dem Gesetz und einem erfüllten Leben mit Gott. Der Mensch soll nicht mehr an die Erfüllung des Gesetzes denken, sondern den Blick auf den hilfesuchenden Menschen richten. (1) Mit Jesu Erscheinen auf der Erde möchte er selbst Gottes anbrechendes Reich verdeutlichen. Mit seinen Zeichen und Wundern soll schon jetzt sichtbar werden, was dann einst in der Vollendung vor aller Augen sein wird. (Offb. 1,6)

Gottes Gericht würde für jeden Menschen das endgültige Aus bedeuten. Um dem Zorn des Richters zu entkommen, schaffte Gott nun die Möglichkeit des Sühneopfers. Ein Opfer das stellvertretend für mein eigenes Leben sterben muss. Jesus wird in der Bibel mit dem Lamm

Gottes verglichen, das zur Schlachtbank geführt wird. (Joh. 1,29 und Jes. 53,7) Jesus opfert sich selbst als Sühneopfer, er stirbt stellvertretend für jeden von uns und stellt sich so dem Urteilsspruch Gottes entgegen.

Die Bereitschaft stellvertretend für uns zu sterben, damit wir mit Gott ausgesöhnt werden, heißt Gnade.

In Römer 9, 15-16 ist nachzulesen, dass Gott für sich allein dieses Recht beansprucht, Gnade auszusprechen. Paulus führt fort: So liegt es nun nicht an jemandes Wollen oder Laufen, sondern an Gottes Erbarmen. Es mag für uns vernichtend erscheinen, nichts dazu tun zu können. Jedoch wird darin die Freiheit im Leben als Christ deutlich. Nicht mein Verhalten ist für die Gnade entscheidend. Es wird mein Vertrauen erwartet. Ohne Vertrauen werde ich von Gott nichts erbitten noch erwarten können. Keiner kann Gott irgendwie gefallen. Nur der Mensch, der Gott vertrauen schenkt, wird ihm gefallen können. Kein Opfer, kein Versprechen wird Gott dazu bewegen, auf mich aufmerksam zu werden. Mein Glaube wird ohne Vertrauen armselig vor sich hin vegetieren, weil Gott mein Leben nicht bereichern wird. Erlauben Sie mir, noch ein Stück weitergehen zu dürfen und hier zu behaupten, dass jeder Glaube tot ist, wenn nicht seine Wurzeln im Vertrauen zu finden sind. Wenn nun jetzt das Vertrauen der einzige Zugang zu den Verheißungen Gottes ist, dann ist jegliches Tun aus meinem Vermögen ein sinnloses Streben nach Gottes Gnade. In Hebräer 11 werden deutliche Beispiele mit den Glaubensvätern vom Alten Testament herangeführt. Hier wird der Glaube als eine feste Zuversicht auf das, was man hofft, und ein Nichtzweifeln an dem, was man nicht sieht, verglichen. Vertrauen ist demnach ein unerschütterliches Festhalten an das was man hofft und gleichzeitig ein Nichtzweifeln, auch wenn ich es (noch) nicht sehe. Eine grundsätzliche Vorraussetzung für das Geschenk der Gnade.

**Wem diese oder zukünftige Aussagen nun zu gewagt erscheinen, möchte ich einladen eine längere Pause zu machen. Ich möchte nicht provozieren, aber vielleicht durch solche Sätze an festgefahrene Auslegungen kratzen. Ich möchte in den folgenden Ausführungen die Interpretationen noch etwas verschärfen und versuche Sie zu einer neuen Sichtweise in der Bedeutung des Glaubens zu entführen.**

## 2.) *Vertrauen oder Glaube?*
## 2.1.) *Der Glaube als Persöhnlichkeitsverstärker*

Beim Lesen der Bibel und in Diskussionen über bestimmte Passagen verstärkte sich mir der Eindruck, dass der Begriff Glaube heute eher einen seichten und bedeutungslosen Wert bekommen hat. Glaube bekommt im Alltag schon meist eher die Bedeutung von Vermutung, eine Vorahnung haben oder etwas zu befürchten. Es liegt doch sehr auf der Hand, dass die eigentliche Bedeutung des Wortes im christlichen Sinn missverstanden und dadurch falsch interpretierbar wird. Ich will dies mit ein paar Beispielen verdeutlichen.

a) Schöner und bekennender Satz einer religiösen Person. Damit ist sie mit ihrer religiösen Haltung auf Grund unseres Grundgesetzes geschützt und ihre Meinung ist unantastbar. Aber sagt dieser Satz irgendetwas Existentielles aus?

b) In einer Stammtischdiskussion fällt der Satz „Ich glaube!". Für diese ehrliche und aufrichtige Meinung wird der Person sicherlich von allen anwesenden Personen Respekt gezollt. Wer gibt schon offen zu, dass er gläubig ist.

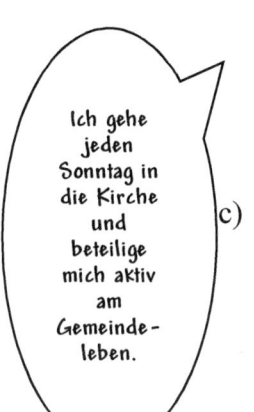

Ich gehe
jeden
Sonntag in
die Kirche
und
beteilige
mich aktiv
am
Gemeinde-
leben.

Erstaunlicher Weise wird es in den meisten Fällen auch niemanden geben, der/die diese Aussage in Frage stellen würde, selbst wenn die Lüge offensichtlich wäre.

c) Schon bekennender wirkt hier der Kirchenbesucher. Zeit und Eifer für die Gemeinde lässt schon mehr Überzeugung vermuten. Doch sagt dies etwas über die Beziehung zu Gott aus?

Drei Beispiele, drei Aussagen wie sie überall gehört werden könnten. Möchte man jedoch die Personen hinter den Sprechblasen auf einer Skala eingruppieren, die den Schweregrad des christlichen Glaubens wiedergeben soll, so fällt die Bewertung sicherlich mehr im unteren Drittel aus. Wir bewundern Personen, die offen zu ihren Überzeugungen stehen, die ihren Glauben bekennen.

Wir sympathisieren mit diesen Menschen und fühlen uns in bester Gesellschaft.

Zungenbekenntnisse sind sehr gesellschaftsfähig geworden. Sie werden respektiert und geachtet.

Keine(r) wird nach dem Gewicht dieser Aussagen fragen. Offensichtliche Kritik, die den religiösen Schweregrad zu ergründen sucht, wird mit großer Wahrscheinlichkeit missverstanden werden. Schon der Versuch wird als Angriff auf die persönliche Entfaltung und Entwicklung gewertet. Ich erlebe immer wieder, wie sich der Gesprächspartner in eine Verteidigungshaltung begibt und seinen bisherigen Weg zu rechtfertigen versucht. Als Christ folge ich jedoch nur dem Herrn Jesus Christus nach und dessen vorgelebten Weg muss ich nicht im Geringsten verteidigen. Mein Gesprächspartner fühlt sich jedoch kritisiert und wird versuchen sich selbst zu verteidigen, was auf einen Glauben mit unsicherer Überzeugung schließen lassen kann. Denken Sie an Ihre eigenen Erfahrungen. Wie sahen Ihre Reaktionen oder die des Gesprächspartners in Ihren erlebten Gesprächen aus?

Gott schuf den Menschen nach seinem Ebenbild. Das heißt er schuf ihn zu einem Gegenüber. Zu einem eigenständigen Wesen, das mit Gott sprechen kann, welches seine Erfüllung und schöpferische Vollendung in der Gegenwart Gottes findet. Der Mensch ist als religiöses Geschöpf erdacht, er wird immer auf der Suche nach der verloren gegangenen Gottesbeziehung sein. Jede Person wird nach der Vollendung streben. Es gibt keinen Menschen, der ohne einen Glauben auskommen wird.

Es erscheint uns jedoch oft leichter, uns unseren eigenen Glauben zu erstellen, als bei Gott unsere Erfüllung zu suchen. Die Bibel kennt die volle Vielseitigkeit des menschlichen Glaubens und bezeichnet sie unter anderem als Götzendienst.

Was heißt das nun, wenn jemand sagt ‚Ich glaube!', 'Ich bin religiös!', ‚Ich kenne die Bibel!' und ‚Ich engagiere mich in sozialen Projekten!'?

Ich will nicht die Begeisterung die hinter dem Engagement steht schmälern und zu analysieren versuchen, sondern eine tiefere Vertrauensbeziehung aufzeichnen. So kann manches mosaikhafte Glaubensverständnis durch eine immer tiefer werdende Vertrauensbeziehung ergänzt werden. Vermutlich verspüren Sie jetzt beim Lesen einen leichten Eindruck des Hochmuts oder der Arroganz meiner Sichtweise. Aus einer gewissen Perspektive heraus möchte ich Ihnen Recht geben. Jedoch ist mir in diesem Zusammenhang eine Sache wichtig geworden. Das Verhältnis, welches ich (oder wir) mit Gott aufbauen oder verstärken, ist ein Privileg unseres Lebens. Ein solches einzigartiges Sonderrecht der Kindschaft Gottes erweckt in mir Stolz und ein erhabenes Glücksgefühl. Wenn Sie auf eine gefällte Entscheidung, auf eine Person oder auf einen Personenkreis stolz sind, werden Sie sich dafür oder für sie nicht schämen. Sie werden hochmütig und arrogant genug sein, um zu Ihrer Überzeugung zu stehen. Bei dem Verhältnis zu Gott tun wir uns da schon schwieriger. Da wird der Stolz und die Anmaßung ein Christ zu sein, fast schon entschuldigend bekannt. Lernen wir doch in Zukunft immer wieder in kleinen Schritten neu, auf unsere Mitgliedschaft im Reich Gottes stolz zu sein.

## 2.2.) Vom oberflächlichen Glauben zum tiefen Vertrauen.

Doch kommen wir zurück zum Thema und begleiten Sie mich auf der Suche zu einem lebendigen gelebten Glauben.

Im Jakobusbrief 2, 19 führt der Schreiber einen der Schlüsselverse auf, die uns auf der Suche nach dem echten Glauben Aufschluss geben sollten. Jakobus schreibt: *Du glaubst, dass nur einer Gott ist? – Du tust recht daran; die Teufel glauben es auch und zittern.*

Hier steckt gewaltiges Potential drin. Ich möchte fragen, worin unterscheidet sich mein Glaube von dem der Teufel? Jakobus bestätigt meinen Glauben, doch ich möchte weiter gehen. Wenn ich nur glaube, tue ich doch nicht mehr als sie.

Ich suche nach dem Unterschied zwischen meinem Glauben und dem des Teufels. In meinen Überlegungen wird mir die bodenlose Arroganz meines christlichen Lebens bewusst, die ihren Gipfel im Hochmut findet, - zu meinen, - Gott wird mir durch seine über alle Maßen geduldige Liebe nichts tun. Die Teufel haben Gott wenigstens erkannt und erweisen ihm angstvollen Respekt. Ich dagegen fühle mich in meinem Glauben auch noch sicher, unantastbar und behaglich behütet.

Der Glaube, den ich bis zu dieser Erkenntnis pflegte, kam mir ab da gar nicht mehr so gläubig vor. Die Bibel muss also, so die Folgerung, mehr unter dem Glauben verstehen als ich bis dato zu meinen glaubte.

Mir kam ein Bild von der Kreuzigung Jesu in den Sinn. Jesus wurde mit zwei Verbrechern hingerichtet. Einer zu seiner Rechten und einer zu seiner Linken. Als dann die Soldaten anfingen Jesus zu verspotten, setzte auch noch einer der Übeltäter an seiner Seite mit ein. Vielleicht dachte er, er könne sein Leben retten, wenn er sich auf die Seite der Soldaten stellte.

(Lukas 23,40 ff) *Da wies ihn der andere zurecht und sprach: Du fürchtest dich auch nicht vor Gott, der du doch in gleicher Verdammnis bist? Wir sind es zwar mit Recht, denn wir empfangen, was unsere Taten verdienen; dieser aber hat nichts Unrechtes getan.*
*Und er sprach zu Jesus: Jesus, gedenke an mich, wenn du in dein Reich kommst! Und Jesus antwortet ihm: Wahrlich, ich sage dir: Heute wirst du mit mir im Paradies sein.*

Wir können davon ausgehen, dass dort am Kreuz für beide Übeltäter der erste Kontakt mit Jesus bestand. Höchstwahrscheinlich werden beide mit einer solchen Reaktion von Jesus nicht gerechnet haben. Vielleicht hat der Spötter hier auch weiteren Nährboden zu weiterem Spott gefunden – wir können nur spekulieren. Ich möchte mir trotzdem eine zweite Reaktion vorstellen. Der Spötter erkennt, dass sein Spott nach hinten losging, er versucht zu ergründen, weshalb sein verurteilter Kamerad ein derartiges Versprechen bekommt.

Der erste Schritt liegt sicherlich in dem Geheimnis aus dem ersten Johannesbrief 1,9: *Wenn wir aber unsere Sünden bekennen, so ist er treu und gerecht, dass er uns die Sünden vergibt und uns von aller Ungerechtigkeit reinigt.*

Er ist sich seiner Schuld bewusst geworden und bekennt sich zu dem Urteilsspruch. Er respektiert die Folge aus seiner Tat. Als Zweites vertraut er Jesus sein Leben an, in dem er bittet, ihn nach seinem Tod nicht zu vergessen. Erstaunlicherweise ist an diesem entscheidenden Wendepunkt seines Lebens keine Rede von Vergebung, von Umkehr oder der Aufforderung ‚Tue Dies oder Jenes!' von Jesus zu hören. Was, zugegeben, in Anbetracht seiner Lage, eher wie ein schlechter Scherz zu verstehen gewesen wäre. Erinnern wir uns einige Seiten zurück - ist in unserer Vorstellung nicht meist gerade hier der erhobene Zeigefinger zu spüren? „Super, dass du dich für ein Leben mit Jesus entschieden hast. Nun solltest du dich deiner Verantwortung auch noch bewusst werden und folgendes tun!" Oder so ähnlich.

Jesus scheint das alles zu einer neuen Lebensausrichtung nicht wichtig zu sein. Sicherlich nicht unwichtig, aber für die Beziehung mit ihm erst mal nicht erforderlich. Welche Art des Glaubens veranlasst Jesus aber zu der Verheißung „Heute wirst du mit mir im Paradies sein!". Das, auf was es bei Jesus ankommt, ist tiefes unerschrockenes Vertrauen. Dem Gekreuzigten wird die Endgültigkeit seiner Situation deutlich. Er kann jetzt nur noch gewinnen, wenn er sich ganz und gar auf diesen Jesus einlässt, ein Vertrauen, welches am auffälligsten bei Kindern zu finden ist. Hier liegt auch der Grund für Jesu Zitat aus Matthäus 19,14 *Lasset die Kinder und wehret ihnen nicht, zu mir zu kommen; denn solchen gehört das Himmelreich.* Kinder verkörpern am eindeutlichsten Eigenschaften wie leichtgläubig, unkritisch, ahnungslos, gutgläubig, treuherzig und unbedarft. Wir Erwachsenen tun uns damit jedoch sehr schwer. Wir entwickeln uns meist mit unseren Eigenschaften in die entgegengesetzte Richtung. Für unser Leben und zum Erwachsenwerden ein wichtiger und meist auch ein unumgänglicher Prozess. Doch für die Beziehung zu Gott und für unsere innerliche geistliche Reifung zu einer mündigen Nachfolge, ein äußerst hinderlicher Prozess.

In mir wuchs die Erkenntnis, dass das Vertrauen auf Jesus in meinem Leben etwas mit kindlicher Naivität zu tun haben muss. Das Himmelreich gehört Menschen mit uneingeschränktem kindlichem Vertrauen. Ich muss aber nicht erst ein Kind werden, um das Himmelreich erfahrbar werden zu lassen. Der Übeltäter mit der Verheißung vertraute Jesus uneingeschränkt. Er schenkt Jesus sein Vertrauen und damit alles, was ihm in seiner Situation noch geblieben ist.

Stellen wir uns einen Spiegel vor, indem wir uns ganz gut beobachten können. Begleiten wir die Person, die wir dort sehen durch dessen Alltag. Wie geht diese Person mit ihrem Glauben um? Wie selbstverständlich vertraut sie Jesus in den unterschiedlichsten Lebenslagen. Können wir ihr das Zeugnis ausstellen, dass das Vertrauen in ihrem Glauben an Jesus die einzige Hoffnung im Leben ist, was sie hat? Ich bin versucht zu behaupten, dass es da noch einiges mehr gibt, welches das Leben hoffnungs- und lebensfroh macht.

Ich erinnere mich an eine Begebenheit mit der Glaube greifbarer werden kann.
Es ging um einen Mann, Ende 30, verheiratet und Vater von drei Kindern. Die monatlichen Ausgaben zum Leben bestritt er durch die tägliche Arbeit in einem kleinen Familienunternehmen. Sein Verdienst war nicht üppig, aber es reichte, um zusammen mit seiner Frau, die neben der täglichen Hausarbeit als Teilzeitkraft in Beschäftigung war noch etwas zu sparen. Aufgrund der Auftragslage, schleppender Zahlungseingänge und sonstigen Gründen sah sich sein Arbeitgeber bald nicht mehr in der Lage den Lohn pünktlich am Zahltag zu leisten. In der Hoffnung auf eine solide Firmenpolitik fingen sie an, die Zahlungsrückstände mit eigenem Ersparten zu decken. Obwohl Gott über Jahre immer wieder auf wunderbarer Weise helfend eingriff, stieg im Laufe der Zeit die Sorge, wie die monatlichen Ausgaben zu bewältigen seien.

Ich möchte am Rande bemerken, dass im Nachhinein leicht mit Fingern auf eine Situation zu zeigen ist, deren Ausgang vorher niemand kennt. Deshalb möchte ich Sie hier bitten, von vorschnellen Urteilen und Vorschlägen Abstand zu nehmen. Im Leben müssen ständig Entscheidungen getroffen werden. Für die Folge des gewählten Weges, muss am Schluss jeder einzelne die Verantwortung übernehmen. In der Geschichte wurde der Weg der Hoffnung gewählt und das Festhalten daran, dass Gott auch für ihn einen Weg bereithält.

Die Situation war manchmal unerträglich und so flehte er oft um Gottes Eingreifen um die Gehaltssituation zu verbessern. Eines Morgens überkam und lähmte ihn wieder ein Zustand der ohnmächtigen Angst. Er flehte Gott an, da ihm die Sorge die Luft zum Atmen nahm. Er saß da und hörte auf einmal Gott in seinen Gedanken fragen: „Hast Du in Deinem Leben einen Mangel?" Er antwortete ihm: „Nur das fehlende Gehalt!" Gott fragte weiter: „Hast Du und Deine Familie zu trinken?" „Ja, haben wir.", war seine Antwort. „Leidest Du oder Deine Familie Hunger?", und wieder musste er Gott antworten: „Nein, tun wir nicht." Peinlich berührt saß er noch eine Weile da, ehe er in die Arbeit fuhr. Gott zeigte ihm unmissverständlich, dass er bis dahin alles bekommen hatte, was er und seine Familie zum Leben brauchten, und er schämte sich für seinen

Unglauben. Außerdem verstand er, dass er dankbar und zufrieden sein sollte. Auch wenn er sich manchmal wünschte, sich gerne mehr leisten zu können. Vor allem hat er durch diesen kurzen aber dennoch effektiven Dialog verstanden, dass es Gott um sein blindes Vertrauen geht. Er wollte ihm zeigen, wie sein Vertrauen, auch ohne Sicherheiten, tragfähig sein kann.

Unweigerlich fällt mir Petrus ein, der auf dem Wasser Jesus entgegenlief. Petrus konnte dies, solange er Jesus als zentralen Punkt und tragende Kraft vertraute. Als er seinen Blick auf die Wellen richtete und er so seine Umgebung wahrnahm, trug ihn sein Glauben nicht mehr. Petrus ging mit samt seinen Überzeugungen und selbst genannten aufgebauten Sicherheiten unter. Solange es einem gut geht, ist es leicht vom Glauben zu reden. Doch trägt dieser Glaube? Um das festzustellen, müssen wir wie Petrus das sichere Boot verlassen.

## 2.3.) Fallen lassen als Grundvoraussetzung zum Vertrauen.

Mit Matthäus 19,14 verdeutlichten wir kindliche Eigenschaften, lesen wir den Text über die Kinder weiter. Es ist beachtenswert, dass uns gleich im Anschluss in drei Evangelien (Mat, Mk, Lk) danach ein Mann vorgestellt wird, der sich mit genau der Frage nach dem ewigen Leben - nach dem Paradies - durchs Leben quält. Er bringt seine Suche mit der Frage auf den Punkt: *Was soll ich tun, damit ich das ewige Leben habe?* Jesus unterhält sich eine ganze Weile mit ihm, doch am Ende heißt es: *Verkaufe alles was du hast und gib es weg* (den Armen) ... *und komm und folge mir nach.* Die Person ging betrübt weg, denn sie hatte viele Güter, heißt es. Zu den Jüngern gewandt, sagte er: *Ein Reicher wird schwer ins Himmelreich kommen. Und weiter sage ich euch: Es ist leichter, dass ein Kamel durch ein Nadelöhr gehe, als dass ein Reicher ins Reich Gottes komme.* Lassen wir uns nicht vom erwähnten Reichtum verwirren. Es geht nicht um Wohlstand, sonst hätten ja alle Armen den Weg ins Reich Gottes schon geschafft. Nein, Jesus weist auf eine ganz empfindliche Stelle hin. Er meint den Besitz eines jeden Menschen, und der ist so vielfältig, wie es Menschen auf Erden gibt. Da kann es sehr wohl auch um Geld gehen, oder um Anerkennung, eben um alles das was im Leben wichtig geworden ist. Doch Jesus meint mehr.

Jesus will beim Thema Vertrauen noch tiefer in

unser Wesen hinabtauchen und uns lehren, Vertrauen zu leben. Es geht in der Nachfolge um das Wissen: **Ich habe NICHTS**. Ich habe für einen wirklich echten Glauben **nichts**, was ich beisteuern könnte. Das Himmelreich erschließt sich mir nur durch aktives Vertrauen. Eine klare Entscheidung alles aus der Hand Gottes zu erwarten und sein Geschenk dankend und vertrauensvoll anzunehmen. Durch dieses rückhaltlose Vertrauen wird Gott alles schenken, was zum erfüllten Leben notwendig ist. Lassen Sie mich festhalten, dass das Leben nicht einer Marionette gleichen soll. Marionetten sind stumm, gefühllos, in ihrem Wesen starr und leblos. Sie bewegen sich nach der Willkür des Künstlers. Wir sind zur Freiheit berufen und werden unsere Freiheit nur in der totalen Abhängigkeit zu Gott erleben können.

Ich möchte Sie zu einem Experiment einladen.

Stellen Sie sich vor, Sie haben von akutem Stellenabbau in ihrem Betrieb erfahren, es kann auch die Krankheit sein, die Sie beim Arztbesuch erfahren haben.
Traurig und besorgt laufen sie nach Hause. Auf dem Weg wird Ihnen das eben Gehörte in seiner ganzen Tragweite bewusst. Die Sorge und die Angst, selber betroffen zu sein, wird immer größer und beginnt, wie eine Flutwelle über Sie hereinzubrechen. Aufgemischt von den eigenen Gedanken, beklemmend und ohnmächtig erleben Sie Ihre Situation in einer hilflosen Schwäche. Ihre

Gedanken kreisen unaufhaltsam wild und laut in Ihrem Kopf.

Zuhause angekommen, finden Sie beim Durchgehen der Post eine Wurfsendung, wie sie die Kirchengemeinde schon des Öfteren verteilt hat. Ihr Blick fällt auf den Schriftzug: „Sorgt euch nicht. Was werden wir essen? Was werden wir trinken? Womit werden wir uns kleiden? Trachtet zuerst nach dem Reich Gottes und nach seiner Gerechtigkeit, so wird euch das alles zufallen." Es ist genau der richtige Bibelvers in ihrer Situation. Ihr Herzschlag beginnt sich zu beruhigen und Sie haben wieder das Gefühl, Ihre Angst in den Griff zu bekommen.

Sie beginnen darüber nachzudenken, und überlegen sich, welche Konsequenzen die wörtliche Umsetzung in Ihrem Leben haben kann. ‚Kann ich mich wirklich auf einen Bibelvers verlassen? Kann ich mein Leben an diesen Vers ausrichten?'

Zurück im Jetzt.

Sie werden bemerkt haben, wie deutlich Gottes Wort werden kann und wie schnell der gesamte Organismus auf sein Wort hin zur Ruhe kommt. Sie haben am eigenen Leib Gottes Kraft gespürt, auch wenn sich für Ihre Zukunft noch nicht viel geändert hat. Nun möchte ich Sie fragen, ob Sie in Zukunft in der Lage sind, Ihre Sorgen gleich auf Gott zu verweisen und seinem Wort vertrauen. Wie schön wäre es immer und überall sorgenfrei durch das Leben gehen zu können.

Erstaunlicherweise wird es gar nicht so leicht sein, dieses Vorhaben in die Tat um zu setzen. Bitte überlegen Sie bei der nächsten Sorgenwelle, woran es liegen wird, dass Sie dem Wort nicht bis in die kleinste Silbe vertrauen können. Es geht darum, mich ganz in seine Hände fallen zu lassen, ohne eine Sicherheit in der Hinterhand zu haben. Wir haben Angst vor der Situation, erleben zu müssen, wie Gott uns durchtragen wird. Es ist die Angst vor dem Empfinden, nicht mehr ‚Herr meiner selbst' zu sein. Die Angst vor der Ungewissheit, jemand anderes bestimmt meinen Weg. Jesus sagt: Verkaufe alles, mache dich frei, gib alles weg und dann komm und folge mir nach. Sonst passt ein Kamel noch leichter durch das Nadelöhr, als du mit deiner Angst, - die Kontrolle zu verlieren -, ins Himmelreich.

### *3.) Das Geheimnis des Vertrauens.*

Es ist gerade die Erkenntnis, dass gegenüber dem Vertrauen rein gar nichts mehr ein Gewicht hat, welches vor Gott zählen könnte. Es ist die Erkenntnis nichts zu besitzen, nichts zu haben, was ich Gott bringen könnte. Und gerade dieser Zustand ist es, welcher mich mit allen Menschen vor Gott gleich werden lässt. Egal welcher Herkunft, welcher Vergangenheit oder Kultur, welcher religiösen Überzeugung jemand angehört, egal welche Eigenheiten und Ansichten jemand vertritt. Es ist die tiefe Gewissheit, dass vor Gott alle gleich sind und nur nach dem Schweregrad des Vertrauens gemessen wird. Gegensätzlichkeiten verlieren ihre Bedeutung. Begriffe wie Wohlstand oder Armut, Krankheit oder Gesundheit, entstellt, hübsch oder hässlich, engagiert oder zurückhaltend sind vor Gott nicht relevant. Bildung, Geschlecht, Hochmut und Stolz oder Demütigkeit, Angst oder Mut, verlieren ihren Status. Es zählt einzig und allein das Vertrauen, welches Gott entgegengebracht wird. Die Vorraussetzungen um ein Kind Gottes zu werden, sind für alle Menschen durch Christus dermaßen vereinfacht und gleich gemacht worden, dass keine Person eine Entschuldigung für fehlendes Vertrauen haben wird. Jedes Geschöpf auf dieser Welt hat nun durch Christus die gleichen Vorraussetzungen geschaffen bekommen, um dem Schöpfer und Herrn dieser Welt das eigene Leben anzuvertrauen.

Doch es ist auch gerade das Gefühl meine eigene Mündigkeit zu verlieren und das Gefühl und die Erkenntnis der Hilflosigkeit, meinen Weg nicht selbst bestimmen zu können, welches mich davon abhalten, Gott bedingungslos zu vertrauen. Schon Adam und Eva erkannten nach dem Sündenfall nicht nur im wörtlichen Sinn, dass sie nackt und bloß waren. Sie hatten nichts, womit sie ihre Hilflosigkeit und das Gefühl der seelischen Nacktheit verstecken konnten. Das Essen von der Frucht der Erkenntnis verhalf ihnen auch zu sehen, wer sie wirklich waren. Die Zeit war für sie noch nicht reif, um diese Erkenntnis zu tragen. Auch heute noch tun wir uns mit diesem Wissen fürchterlich schwer. Es ist die Sünde, Gott nicht in allen Punkten zu vertrauen, die uns auch in der Gegenwart von Gott trennt.

In Matthäus 16 Vers 24 steht: *Will mir jemand nachfolgen, der verleugne sich selbst und nehme sein Kreuz auf sich und folge mir.* Auch hier geht es wieder um Selbstaufgabe. Gott die Herrscherposition in meinem Leben einzuräumen. Wir brauchen keine Angst davor zu haben, dass wir unser Leben hinterher nicht selbstständig führen können, dass unser Selbst enthauptet ist. Paulus schreibt, dass er trotzdem lebt und in Besitz seiner gesamten Fähigkeiten ist, doch nun lebt er nicht mehr sich selber, sondern Christus lebt in ihm. (Gal. 2,20) Dadurch, dass ich mich in Christus aufgebe, wird mir durch ihn alles geschenkt. Indem ich mein Leben Gott anvertraue und ihm die

Leitung überlasse, schenkt er mir mein Leben zurück, welches ich dann zusammen mit ihm regiere. Im selbstlosen Vertrauen zu ihm wird die vollkommene Freiheit durch Christus geschenkt. Unendliche geschenkte Freude wird die Folge sein. In dem eigenen begrenzten Umfeld wird sich der Himmel auf Erden ausbreiten. Wir werden wieder in das Paradies einziehen können und werden Gemeinschaft mit Gott haben.

Versuchen Sie erste kleine Schritte mit der neuen Sichtweise des Glaubens zu gehen. Genießen Sie die Freiheit und Leichtigkeit des Lebens. Erleben Sie das Aufatmen ihrer Seele, wie das Eintauchen in eine Welle des Glücks. Jesus möchte Sie tragen und Sie zu Oasen führen, an denen Wasser des lebendigen Lebens fließt. Gehören Sie nun vielleicht zu den Personen, die in einem Gefühl keine Grundlage für ein Vertrauen zu Gott finden? Dann möchte ich Ihnen Recht geben, doch hier schenkt der lebendige Gott Gefühle zum Anfassen auf Grund des gelebten Vertrauens. Es ist Ihre Entscheidung, Jesus zu vertrauen, welches dem Gefühl vorausgeht. Sie werden überrascht sein, wie lebendig die Bibel und dessen Zusagen im eigenen Leben werden können. Bibelverse, die Sie kannten, werden plötzlich an Bedeutung zunehmen und Sie autorisieren. Sie werden durch Gottes Geist zu weiteren Bibelstellen geführt, die Ihnen vorher verschlossen waren. Er wird Sie unterweisen, Sie werden ganz neue Zusammenhänge erkennen, die Ihrem Vertrauen weitere Kraft und Nahrung geben.

Sie werden beginnen immer mehr Lebensgewohnheiten an Ihrem Vertrauen auszurichten.

## 4.) *Die Versuchung steckt im Detail.*

Das Gespräch welches Sie mit Gott führen wird mit Sicherheit an Intensität zunehmen und wahrscheinlich auch gewagter werden. Durch Ihr wachsendes Vertrauen werden Sie Ihre Anliegen konkreter und bestimmender vor Gott ausbreiten. Doch Vorsicht, dass uns hier die Sünde nicht aufs Neue ein Bein stellen kann. Vergessen wir nicht, dass wir Gott immer noch nichts anbieten können, was seine Gnade zu uns verstärken könnte. Wir haben immer noch nichts in der Hand das Gott zum Handeln zwingt, außer unserem Vertrauen auf die Zusagen Gottes. Auf die können wir uns ganz und gar verlassen. Wir werden lernen müssen, uns ins Ungewisse hinein tragen zu lassen und von dort auch wieder heraus. Wir werden möglicherweise der Versuchung ausgesetzt sein, Gottes Verheißungen nach unserem Geschmack und Vorstellung gegen das Gefühl der Hilflosigkeit einzusetzen. Oder noch anders formuliert: Wir werden uns mit Sicherheit dabei ertappen, wie wir versuchen, Gott für unsere Zwecke mit seinen Worten gefügig machen zu wollen.

Gefährlich, da wir keinen Anspruch auf seine Verheißungen oder Zusagen haben. Wir können auch keinen Anspruch geltend machen, wie z. B. in einem Gebet: „.... schenke mir … (dies oder das) weil Du es in Deinem Wort versprochen hast.", Oder: „.... wenn Du mich erhörst, dann will ich (dies oder das) tun."

Ein Sohn oder die Tochter, die ihren Vater oder die Mutter an ihr Versprechen erinnern, setzen diese geschickt unter Druck. Der Vater oder die Mutter werden mit dem eigenen Versprechen aufgefordert, dem Willen der Kinder nachzukommen. Die Schützlinge werden hier den Vater, die Mutter nicht bloß an die Aussagen erinnern, sondern versuchen, das Versprechen zu erzwingen. Er / Sie will mit Nachdruck die Erfüllung der eigenen Wünsche. Es kann auch um die Erleichterung der eigenen Angst gehen oder die Ungeduld, auf das Ziel nicht länger warten zu wollen. Ich will festhalten, dass wahrscheinlich nur wenige Väter oder Mütter auf den Gedanken kommen würden, hier von einem Zwang oder gar von Erpressung zu reden. Und das ist gut so, doch bleiben wir kurz bei dem Gedankengang. Der Sohn oder die Tochter werden die Versprechungen erfüllt bekommen, weil sie vom Elternteil geliebt werden. Es ist auch diese Liebe, die den vermeintlichen Versuch etwas zu erzwingen zu wollen in ein Geschenk an die Kinder umwandelt. Der Vater bzw. die Mutter will nicht nur glaubwürdig bleiben, sondern die Kinder auch strahlend und dankbar sehen. Sie wollen die Kinder glücklich machen.

Der Gedanke von Gott etwas erzwingen zu wollen, mag befremdlich sein, trotzdem möchte ich einladen, unsere gesprochenen Gebete mal aus dieser Perspektive zu betrachten. Meist sind es ja die Bitten, die einen selbst betreffen, die dann mit Nachdruck an Gott gerichtet werden.

Ich stelle mir die Frage, wie denn mein Gebet auszusehen hat. Ich möchte auf der einen Seite Gott aufgrund seiner Verheißungen bitten und mich darauf berufen, aber auf der anderen Seite meine Gebetserhörung nicht erzwingen. Schon gar nicht möchte ich Gott mit seinen Worten versuchen. Denn hier ist eine deutliche Parallele zu der Versuchung Jesus zu erkennen. (Mt. 4,1 ff) Vers 6 möchte ich hervorheben. Der Teufel fordert Jesus erst mal heraus, sich zu seiner Herkunft, zu seiner Mission zu bekennen. Er fragt: *„Bist du Gottes Sohn, ...“*, klar wird Jesus sich selbst nicht verleugnen. Der Teufel weiß das genau und fordert ihn auf: *„... so wirf dich hinab; ...“* und unterstreicht seine Aufforderung auch noch mit Gottes eigenen Worten aus dem alten Testament. *„... denn es steht geschrieben (Psalm 91,11+12): Er wird seinen Engeln deinetwegen Befehl geben; und sie werden dich auf den Händen tragen, damit du deinen Fuß nicht an einen Stein stößt.“* Jesus widersteht der Versuchung, weil er sich seiner Gottesbeziehung bewusst ist. Das Wort ist für ihn geschrieben worden. Auch wenn er es nicht für sich in Anspruch nimmt, verliert es dennoch nicht an Gültigkeit. Jesus bleibt auch dann die Person, die er ist, auch wenn er sich nicht beweisen tut.

Überlegen wir: Muss Gott die Richtigkeit seines Wortes ständig unseren Unglauben beweisen? Es reicht dem Wort Gottes zu vertrauen. Durch Philipper 4,6 wird mir bewusst, dass mein Gebet die Zusagen Gottes nicht anzweifeln oder hinterfragen muss. *Sorgt euch um nichts, sondern in allen Dingen lasst eure Bitten in Gebet und Flehen mit Danksagung vor Gott kundwerden.* Im Vertrauen kann ich mich ganz in Gottes Hand fallen lassen, was mich schon mal in die Lage versetzt, meine Bitte nicht auf der Grundlage eines Gottesversprechens zu formulieren. Gott kennt meine ganzen Bitten noch bevor ich sie aussprechen kann. Gott weiß aber auch wie wichtig es für mich als Mensch ist, Bitten auszusprechen. Durch das Formulieren meiner Bitte an Gott, bekenne ich mich bewusst an den, von dem ich mir die Hilfe erhoffe. Die empfangene Hilfe werde ich dankbar annehmen und mit einem Dankgebet an den richten, an den ich auch meine Bitte gerichtet habe. Dadurch gebe ich Gott die Ehre und preise seine Antwort. Durch die erlebte Freiheit im Vertrauen wird es mir jedes Mal leichter fallen, Gott immer wieder aufs Neue zu danken und ihn zu loben.

Die Sorge ohne Vertrauen ist eine lähmende Kraft. Ich mache die Erfahrung, dass die Bitten, Ängste und Sorgen die in meinem Leben regieren, ihre Größe und Bedeutung durch Loben und Danken verlieren. Wenn ich danke, stellt Gott meine Füße auf einen weiten Raum. Ich erlebe wie mich Gott aus meiner Situation herauszieht und ich dadurch befähigt werde mich und meine Umgebung aus Gottes Perspektive zu sehen. Außerhalb von Zeit und Raum wird mir die Größe und Allmacht Gottes bewusst. Worte reichen nicht mehr aus, um das überwältigende Gefühl einer Mischung aus

Bewunderung, Ehrfurcht, Respekt, Zuneigung, Loben und Danken auszudrücken. Die Überwältigung lässt meinen Geist zu singen anfangen und mir meine Knie auf den Boden sinken, weil es anders nicht mehr möglich ist, diesem Gott Ehrerbietung zu erweisen. Mein Blick richtet sich in die eigene Vergänglichkeit, und ich merke, dass die Verheißungen, die ich mir vorher noch bewusst zu machen versuchte, bereits zur Realität geworden sind. Ich fange an in der Zeit des Lobpreises eine Welt zu entdecken, in der ich als Erbe alle Verheißungen in der Erfüllung sehe. Gott schenkt in der Abhängigkeit zu ihm eine nie da gewesene Gewissheit über seine Hilfe in Sorgen, Ängsten, oder auch Verzweiflung, die mein Leben bestimmen können. Aus dieser Gewissheit heraus, kann ich mein tägliches Gebet mit all seinen Inhalten ganz neu formulieren. Gott möchte unsere Bitten und unser Flehen im Gebet hören, wir dürfen sie aussprechen, aber er will uns auch gleichzeitig bewusst machen, dass wir unser Vertrauen darauf setzen sollen, dass unsere Anliegen bei ihm bereits schon in Bearbeitung ist. Vor allen dürfen wir Gott die Erfüllung unserer Gebete komplett überlassen. In ihm sind unsere Anliegen in den besten Händen. Dies ist auch dann der Fall, wenn wir uns die Erfüllung seiner Zusagen anders vorstellen. Dieser Umstand der hilfesuchenden Ungewissheit heißt Vertrauen.

Fangen wir an, den Mut zu haben, den Zusagen Gottes zu vertrauen ohne vorher gebetsmühlenartig die Versprechungen herunterzubeten. Gott selbst verspricht, seine Versprechungen bis ins Kleinste zu erfüllen. (Mat. 5,18) Gott möchte nur, dass wir seinem Wort Vertrauen schenken.

Außerdem möchte Gott nicht meine frommen Gebete, in denen ich meine Sorgen immer und immer wieder umherwälze. Petrus fordert mich auf, alle meine Sorgen auf Gott zu werfen. (1.Petrus 5,7) Aber ohne mein Vertrauen, dass er jetzt für mich sorgen wird, werde ich weiterhin meine Last mit mir herumschleppen. Gott möchte aus mir einen Beter machen, der ihm bedingungslos vertraut. Wie ein Blinder sich auf seinen Blindenhund verlässt, so soll mein Vertrauen in den einen Gott sein. Zweifeln Sie nicht in Ihrem Gebet. Wenn Sie ein Anliegen haben und dieses vor Gott ausbreiten, um ihn um Hilfe bitten, dann tun Sie dies im vollen Vertrauen. Sicherlich tut es gut, die Anliegen immer wieder vor Gott zu wiederholen, aber lernen Sie dabei auch, ohne Zweifel der Entscheidung und dem Handeln Gottes zu vertrauen.

# Der Prozess des Loslassens

Vertrauen so wie es die Bibel uns lehren möchte, beginnt mit dem Glauben, beschenkt zu werden ohne selber in Vorleistung gehen zu müssen. Christliche Freiheit erwächst durch das Geschenk der Gnade, und das Loslassen von der Vorstellung, wie diese Gnade auszusehen hat.

Kommen wir noch mal zu der Geschichte des Familienvaters zurück. Er begriff die Bedeutung des Vertrauens als tragfähiges Fundament in seinem Leben.
Er machte immer wieder die Erfahrung, alles Notwendige zum Leben rechtzeitig zu bekommen und so die monatlichen Ausgaben der Familie zu bewältigen. Die Familie lernte mit Wenigem trotzdem dankbar und zufrieden zu sein. Die Monate verstrichen und immer noch dankbar, aber im Blick auf die Außenstände seines Arbeitgebers wieder zunehmend besorgt und zusehends verärgert, bat er Gott immer wieder um sein Eingreifen. Eines Abends konnte er vor Sorge nicht einschlafen. Im Gebet suchte er das Gespräch mit Gott. Er dankte Gott für sein wundervolles Durchtragen und pries ihn für all' die kleinen und großen erlebten Wunder. Er konnte sich dennoch vor anwachsendem Zorn nicht schützen. Dann bat er Gott, sein Chef möge der Auszahlung einzelner noch besser aller Außenstände nachkommen und ihm so eine Erleichterung verschaffen. Wenn auch sein Arbeitgeber nicht die Möglichkeiten der

Bezahlung sieht, so traute er Gott hier jegliche Handhabe zu.

Wie damals am frühen Morgen, wurde er jetzt am Abend von Gottes Wort durchdrungen und wurde von Gottes bereits bekannter Stimme aufgefordert, seine Bitte konkreter zu formulieren. Etwas verwirrt, da ihm die Bitte mehr als eindeutig und konkret vorkam, bat er nun genauer. „Bitte, lass meinen Chef mir meinen zustehenden Lohn auszahlen, gib mir bitte von ihm das Geld, für das ich gearbeitet und welches ich verdient habe." Gott nahm das Gespräch wieder auf und fragte ihn: „Warum ist es Dir so wichtig, Dein zustehendes Gehalt von Deinem Chef zu bekommen?" Nun brauchte er einige Augenblicke, um das Gesagte in seinem Kopf ankommen zu lassen. „Herr, -" kam es ihm über die Lippen, „es ist mir nicht wichtig, dass ich es von meinem Chef bekomme!". Gleich darauf wurde ihm jedoch klar, dass er genau darum gebeten hatte. „Wenn Du von Deinem Chef Dein Gehalt erhalten willst, so stehen Dir die Mittel und Wege des Rechtsstaates zur Verfügung. Wenn Du jedoch Dein Anliegen mir anvertraust, so soll es Dir egal sein, von woher oder wie Du zu Deinem Recht kommst." Als er diese Worte zu begreifen begann, verstand er auch die Weisheit, die Gott ihm dadurch deutlich zu machen versuchte. Mit einem Mal wurde ihm das Erklärte in seiner ganzen Tragweite klar. Gott zu vertrauen schließt nicht nur seine Hoffnungen ein, sondern soll Gott auch in der Durchführung vollkommenen Handlungsspielraum lassen. Ihm wurde deutlich, dass es sogar soweit gehen kann, dass Gott die Schuld des Chefs übernimmt und ihn dadurch sogar von seinen Forderungen freikauft. Dem Gräuel gegenüber seinem Chef wird dann jeglicher Nährboden entzogen. Wenn er Gott sein Verteidiger sein lässt, übergibt er ihm auch die Regie in dem Fall.

Im Römerbrief 12 Vers 19 ermutigt Paulus: *„Rächt euch nicht selbst, meine Lieben, sondern gebt Raum dem Zorn Gottes.“*, denn Gott sagt: (5. Mose 32,35) *„Die Rache ist mein; ich will vergelten.“* Mit dem Entschluss, die Sache Gott zu überlassen, erfuhr er grenzenlose Freiheit. Er wurde durch seinen Glauben autorisiert, seinem Chef dem Allmächtigen zu überantworten. Und noch ein Zweites wurde ihm an diesem Abend deutlich gemacht. Gott zu vertrauen und ihm die Anliegen anzuvertrauen und abzugeben, bedeutet auch „im Frieden" zu leben. Er sah Freiheit wachsen und dies als Geschenk erfahren. Er wurde frei und konnte sich von seinen Bindungen lösen. Er sah sich nicht mehr als der Leidtragende sondern als ein Sieger, der dem „Feind" zur Versöhnung die Hand reicht. Im Vertrauen erlebte er die Freiheit, dass der gesamte Rückstand keine große Rolle in seinem Leben mehr spielen muss. Er begriff, dass es Gott nicht um Rechthaberei geht, auch wenn das Recht auf seiner Seite stehen sollte. Gott möchte die Herrschaft übertragen bekommen. Mehr Wert als alle Brandopfer und Schlachtopfer (Mk. 12,33) ist ein offenes hilfesuchendes Zutrauen, durch welches Gott erhöht und Anbetung erfährt. Denn Gott empfindet Lust an der Liebe und an der

Erkenntnis Gottes und nicht an gut gemeinten Opfergaben (Hosea 6,6).

Gott möchte uns von Bindungen, egal welcher Art befreien. Mit Gott in der Regie kommen wir ans Ziel. Mit Sicherheit wird der Weg dorthin bei vielen unserer Mitmenschen auf Unverständnis stoßen, und es bewahrheitet sich der Vers: *Die Weisheit dieser Welt ist Torheit bei Gott*, denn wer weise werden will, muss für die Augen der Welt erst ein Narr werden. (1. Kor. 3,18+19)

# Schlusswort

Ich möchte uns wünschen, dass wir auf dem Weg zu unserem Herrn und Vater über die Frömmigkeit eines Glaubens hinauswachsen und vielleicht einen Weg hinter dem Vorhang der Frömmigkeit entdecken. Lassen Sie uns den Kreis zum Jakobusbrief schließen. Die Teufel glauben auch, doch als Christ vertrauen wir mit allen Sinnen, Wünschen, Sehnsüchten alles, was das Leben ausmacht, dem dreieinigen Gott. Im Vertrauen und Zutrauen, dass Gott es richtig macht, kann ich mich von ihm führen lassen. In dem Wissen, Gott nichts anbieten zu können und trotzdem von ihm reich beschenkt zu sein, wird der Unterschied zum gebräuchlich verstandenen Glauben überdeutlich. Die gewünschte Freiheit, nach der sich jeder Mensch dieser Welt sehnt, findet nur im Vertrauen die eigentliche Erfüllung.

# Quellennachweis

Lutherbibel, revidierter Text 1984,
durchgesehene Ausgabe in neuer Rechtschreibung,
© 1999 Deutsche Bibelgesellschaft, Stuttgart


(1) Evangelischer Erwachsenen Katechismus
Seite 384   5.Auflage 1989
© by Gütersloher Verlagshaus, Gütersloh, in
der Verlagsgruppe Random House GmbH,
München

Vielen Dank für die freundliche Unterstützung und
Genehmigung.


Coverfoto und Karikatur:
Autor

Herstellung und Verlag:
Books on Demand GmbH, Norderstedt
ISBN: 9783842335387